L'école buissonnière

Poèmes et chansons pour enfants pas sages

Illustrations de Gabriel Lefebvre

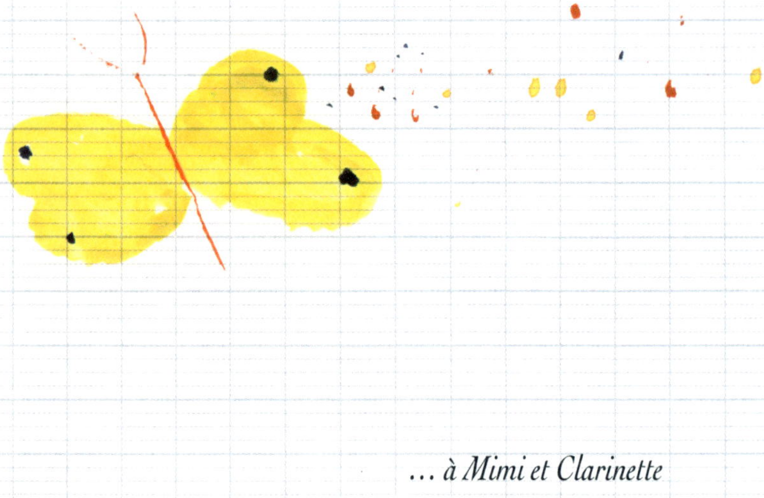

… à Mimi et Clarinette

Jacques Prévert

L'école buissonnière

Précédé de Jacques Prévert

par Madeleine Chapsal

EDITIONS COMPLEXE

Jacques Prévert

par

Madeleine Chapsal

J'ignorais encore son nom et Jacques Prévert, déjà, m'avait complètement envahie ! *Rappelle-toi Barbara*… Ses chansons se multipliaient, couraient de la bouche de Gréco à celle de Montand, de bien d'autres… On commença à beaucoup parler de leur auteur.

J'appris à connaître, par les journaux, son visage plissé de chien intelligent, aux gros yeux mouillés et globuleux. J'entendis sa voix commenter des films. Il s'exprimait parfois à l'antenne, d'un ton gouailleur et bourru… Dormant peu, il avait toujours l'air d'être en panne d'oreiller… Prévert avait un nom qui fleurait la campagne et, bien avant Mai 68, ce Montmartrois, ce citadin, prétendait que l'herbe folle pousse sous les pavés !

Prévert le poète, dont les paroles accompagnaient les scènes de ma vie privée, était devenu un intime. En même temps, l'homme Prévert restait un inconnu. Je ne l'avais jamais rencontré et j'éprouvais, à son égard, une certaine appréhension.

Je n'étais pas familière des bistrots ni des comptoirs de bar, ni des petits ders, ni de Paris la nuit… Prévert touchait mon cœur de midinette mais, ce cœur-là, je ne le portais pas en bandoulière. Je m'en méfiais même un peu. Je me sentais révoltée, mais pas anar ! Les anars, « les traînassous », me semblaient des demeurés. Je trouvais beaucoup plus chic de porter aux nues Saint-John Perse et ses hautes rimes que la complainte des amants séparés !

Qu'allions-nous trouver à nous dire, Prévert et moi ? Il occupait, à Montmartre, un curieux logement prolongé par une terrasse en ciment, derrière l'ancien dancing du Moulin-Rouge.

Il m'attendait, la cigarette au bec, et m'accueillit en clignant de l'œil pour éviter la fumée de sa clope. Il fit la moue. Je crois qu'il avait du mal à me prendre au sérieux. Pour lui, je n'étais qu'une môme et me vouvoyer lui coûtait… (« *Je dis tu à tous ceux que j'aime* »…)

Pour m'imposer, j'attaquai tout de suite. Instinctivement, mon accent natal refit surface. Il me revient chaque fois que je suis intimidée. C'est celui du XVIe arrondissement et cela arrange rarement les choses, côté chaleur humaine…

Prévert ne se laissa pas démonter et me répondit du tac au tac.

« Vous ressortez un livre, d'anciens textes ?

– Ouais, tout un fatras…

– Quand avez-vous commencé à écrire ?

– Pour faire plaisir à quelqu'un d'autre. Moi, je m'en foutais, vous pensez bien !

– Pourtant vous êtes un écrivain, un poète !

– Appelez ça comme vous voulez ! Mais moi, le monde littéraire je me le mets au… »

Il commençait à me plaire, cet homme-là ! Quant à lui, il s'agitait.

Les interviews sans bouger, ça n'était pas son fort… Il alla chercher un petit papier sur lequel était écrit *Jacques Pervers. La Prose*. « C'est pas drôle, ça, non ? C'est l'anagramme de mon nom et de *Paroles* ! »

Vit-il que je commençais à me dégeler ? Il décida que, pour l'entretien dans les règles, ça y est, c'était terminé ! Son effort avait duré dix minutes, cela devait suffire. On allait, maintenant, passer aux choses sérieuses. D'abord, les images !

Le gros œil de Prévert était un sens tout aussi important que l'oreille. D'où son amour pour les peintres, les photographes, le milieu des arts plastiques, cinéma y compris. C'était son vrai milieu et l'autre, le littéraire, il s'en foutait.

Il me présenta d'abord ce qui était à son mur. J'oublie de dire que son appartement tenait du capharnaüm. Partout des dessins, des drôleries, d'énormes photos de Paris, de ses copains et de lui sous de bien curieuses coiffures… Et puis des images, parfois minuscules, qui avaient l'air d'images pour enfants.

Vus de plus près, leurs éléments étaient ingénieusement détournés de leur sens pour composer des scènes drolatiques, perverses et burlesques !

C'était ses collages ! Il y tenait comme à la prunelle de ses yeux. Il en avait des quantités, dans des tiroirs, des cartons. Il n'avait pas encore fait ses expositions et ce « hobby » de Prévert n'était connu que de ses intimes… Aussitôt, je fus séduite. Je me croyais chez un grand-père un peu fou, légèrement retombé en enfance et sexuellement obsédé ! Il y avait là le Petit Chaperon rouge, l'Ogre, la Belle au bois dormant, les bêtes de La Fontaine, tous les personnages de l'imagerie populaire, se livrant à d'inquiétantes facéties… C'était l'œuvre d'un Facteur Cheval qui aurait fait dans le carton et dans l'érotisme.

Voyant mon intérêt, il me montra son attirail. Des planches d'images de toute provenance et de tous formats qu'il achetait chez des brocanteurs, découpait dans de vieux livres, des dictionnaires médicaux, des encyclopédies, des ouvrages de Gustave Doré, des affiches, des images d'Épinal, des cartes postales… Je contemplais la colle, les diverses paires de ciseaux, dont des ciseaux aussi fins que ceux des brodeuses. Il m'expliqua que le dur, le difficile et le long, c'est la découpe. Il y a des petits détails, les doigts, les cheveux, qu'il ne faut pas louper !

J'aurais aimé qu'on s'installât tout de suite, tous les deux, là, devant la table au découpage, et qu'on s'y mît !… Mais Prévert était comme tous les artistes : s'il montrait volontiers son atelier, il vous en expulsait dès qu'il se mettait au travail.

Il me présenta aussi son « grand œuvre », fabriqué selon son procédé. Un paravent du genre qu'on achète aux Puces, dont il avait fait un objet féerique en le couvrant d'images. Les sujets, le mouvement, les couleurs, donnaient à l'ensemble la vivacité d'une fresque animée !

En fait, l'interview continuait ! Mais au lieu de m'expliquer en paroles son art poétique, Prévert me le *montrait*. Car il composait ses poèmes comme il composait ses collages. Ramassant un peu partout, dans la rue, les conversations de tous les jours, les vieilles comptines, les chansons populaires, des bouts du langage familier. Puis il les « découpait », recollait, assemblait, avec un sens infaillible du « tube ».

À peine fredonnées, ses chansons couraient les rues. On se disait : « Pas difficile, elles retournent là d'où elles viennent ! »

Mais il ne suffit pas de mettre bout à bout des mots sans suite pour composer son *Raton laveur*…

Et *Les Feuilles mortes* ? Chaque fois qu'on refait un hit-parade de la chanson française, *Les Feuilles mortes* arrivent en tête. Rien de plus simple, en apparence, que ces mots de tous les jours… *Les feuilles mortes se ramassent à la pelle, tu vois, je n'ai pas oublié la chanson que tu me chantais*…

Elle est même si banale, cette chanson, que le jour où Prévert l'a composée, il ne s'est même pas aperçu qu'il venait de faire son chef-d'œuvre ! C'est lui-même qui me l'a dit : il s'agissait d'une commande pour un film en tournage auquel il participait comme scénariste. Il l'a créée en quelques minutes, et comme ça lui avait donné si peu de mal, il en a fait cadeau, ou presque, à la production… Il n'en a pas conservé les droits.

« Vous vous rendez compte, m'a-t-il dit. Si j'avais les droits des *Feuilles mortes*, je serais richissime ! »

Ça l'aurait peut-être gêné pour vivre comme il aimait vivre. En flâneur, qui va glaner dans les rues, les boutiques, les endroits publics, les mots de tout le monde auxquels il met des rimes, pour mieux faire entendre leur petite musique…

Prévert était gai, et il était triste. Il avait l'air lourd et il escaladait les escaliers de la Butte comme un chat de gouttière. Il supportait tout des autres, sauf la mesquinerie. Quelle grosse voix il prenait alors pour rentrer dans le chou de ceux qui lui avaient déplu ! Il disait aimer par-dessus tout l'amour. Je crois, moi, qu'il aimait par-dessus tout l'amitié et les copains.

Il m'invita à Antibes où il possédait un appartement situé, comme de juste, sur les remparts. Une vieille maison du pays avec la terrasse qui continue à l'extérieur le séjour-cuisine. J'y allai. Je fis la connaissance de sa femme, de sa fille Minette qui l'aidait parfois dans ses découpages. On ne parla pas de littérature. On alla s'asseoir sur la terrasse. Le bleu du ciel servait de toile de fond à son regard délavé. Il m'examinait, tout en causant, cherchant les mots, entre chair et cœur, qui pouvaient le mieux me toucher. Il les trouvait facilement, car ce visuel avait l'oreille juste.

On fit le tour des bistrots d'Antibes, où Prévert jouait les indigènes. Que représentait-il pour les gens du cru ? Il avait toujours les mains dans les poches, la cigarette à la bouche. Ce devait être toujours la même, car je ne l'ai jamais vu en allumer une !

Prévert parlait à tous sur le même ton mi-gouailleur, mi-fatigué.

En fait, c'était un ralentisseur. Avec lui, le temps s'écoulait beaucoup plus lentement. Je ne suis pas sûre qu'à la longue Prévert ne sécrétait pas un peu l'ennui, racontant indéfiniment les mêmes histoires…

Ça n'est pas un reproche, car, accoudé au comptoir d'un bistrot, Prévert vous apprenait à regarder défiler le monde, le beau monde, le petit monde, le drôle de monde, tous les mondes… Il en faisait des chansons… « *Où est-il parti le petit monde fou du dimanche matin ?…* »

Il aimait Antibes. La chaleur de l'été. Sa terrasse. Il préférait Paris. À Paris, la nuit est sans fin. L'aube est peuplée. On n'est jamais seul.

Je n'imagine pas Prévert tout seul. C'était un homme de grande circulation. Il me fit la faveur de m'envoyer quelques-uns de ses collages, sous forme de cartes postales. La plus belle représente un coucher – ou un lever – de soleil sur la mer. Il a remplacé le soleil par une face réjouie et débonnaire qui, entourée de rayons, immense, surgit à moitié de l'horizon.

« Bonjour ! » a-t-il écrit de sa grosse et vivante écriture. C'était le début d'une chanson. Une chanson à la Prévert, simple comme bonjour…

ez fini de fai…
fini de faire le pitre ! Quand vo…
faire le pitre ! Quand vous aurez
faire le pitre ! Quand vous aurez
e pitre ! Quand vous aurez fini de
Quand vous aurez fini de faire
d vous aurez fini de faire le pitre
us aurez fini de faire le pitre ! Q
vous aurez fini de faire le pitre ! Quand
ez fini de faire le pitre ! Quand vous a
i de faire le pitre ! Quand vous aurez fi
ire le pitre ! Quand vous aurez fini de
e pitre ! Quand vous aurez
…tre ! … fini de

Quand vous aurez fini
de faire le pitre !

Page d'écriture

Deux et deux quatre
quatre et quatre huit
huit et huit font seize
Répétez ! dit le maître
Deux et deux quatre
quatre et quatre huit
huit et huit font seize
Mais voilà l'oiseau lyre
qui passe dans le ciel
l'enfant le voit
l'enfant l'entend
l'enfant l'appelle
Sauve-moi
joue avec moi
oiseau !
Alors l'oiseau descend
et joue avec l'enfant
Deux et deux quatre…
Répétez ! dit le maître
et l'enfant joue
l'oiseau joue avec lui…

Quatre et quatre huit
huit et huit font seize
et seize et seize qu'est-ce qu'ils font ?
Ils ne font rien seize et seize
et surtout pas trente-deux
de toute façon
et ils s'en vont.
Et l'enfant a caché l'oiseau
dans son pupitre
et tous les enfants
entendent sa chanson
et tous les enfants
entendent la musique
et huit et huit à leur tour s'en vont
et quatre et quatre et deux et deux
à leur tour fichent le camp
et un et un ne font ni une ni deux
un à un s'en vont également.
Et l'oiseau lyre joue
et l'enfant chante
et le professeur crie :
Quand vous aurez fini de faire le pitre !

Mais tous les autres enfants
écoutent la musique
et les murs de la classe
s'écroulent tranquillement.
Et les vitres redeviennent sable
l'encre redevient eau
les pupitres redeviennent arbres
la craie redevient falaise
le porte-plume redevient oiseau.

Les animaux ont des ennuis

À Christiane Verger

Le pauvre crocodile n'a pas de C cédille
on a mouillé les L de la pauvre grenouille
le poisson scie
a des soucis
le poisson sole
ça le désole

Mais tous les oiseaux ont des ailes
même le vieil oiseau bleu
même la grenouille verte
elle a deux L avant l'E

Laissez les oiseaux à leur mère
laissez les ruisseaux dans leur lit
laissez les étoiles de mer
sortir si ça leur plaît la nuit
laissez les p'tits enfants briser leur tirelire
laissez passer le café si ça lui fait plaisir

La vieille armoire normande
et la vache bretonne
sont parties dans la lande en riant comme deux folles
les petits veaux abandonnés
pleurent comme des veaux abandonnés

Car les petits veaux n'ont pas d'ailes
comme le vieil oiseau bleu
ils ne possèdent à eux deux
que quelques pattes et deux queues

Laissez les oiseaux à leur mère
laissez les ruisseaux dans leur lit
laissez les étoiles de mer
sortir si ça leur plaît la nuit
laissez les éléphants ne pas apprendre à lire
laissez les hirondelles aller et revenir.

Mea culpa

C'est ma faute
C'est ma faute
C'est ma très grande faute d'orthographe
Voilà comment j'écris
Giraffe.

Sans faute
(Codicille)

C'est ma faute
c'est ma faute
c'est ma très grande faute d'orthographe
voilà comment j'écris
giraffe.

J'ai eu tort d'avoir écrit cela autrefois
je n'avais pas à me culpabiliser
je n'avais fait aucune phaute d'orthografe
j'avais simplement écrit giraffe en anglais.

giraffe

Les Belles Familles

Louis I
Louis II
Louis III
Louis IV
Louis V
Louis VI
Louis VII
Louis VIII
Louis IX
Louis X (dit le Hutin)
Louis XI
Louis XII
Louis XIII
Louis XIV
Louis XV
Louis XVI
Louis XVIII
et plus personne plus rien…
Qu'est-ce que c'est que ces gens-là
qui ne sont pas foutus
de compter jusqu'à vingt ?

Chantent chant...
che-pied. Chantent chantent sans
tête à cloche-pied. Chantent chantent
à tue-tête à cloche-pied. Chanten
t sans cesse à tue-tête à cloche
nt chantent sans cesse à tue-tête à
Chantent chantent sans cesse à tu
oche-pied. Chantent chantent sans ces
à cloche-pied. Chantent chantent sa
tête à cloche-pied. Chantent chanten
te à cloche-pied. Chantent chantent
tue-tête à cloche-pied. Chantent c
sse à tue-tête à cloche-pied. Chan
à tue-tête à cloche-p
tête à cl

Chantent chantent

sans cesse

à tue-tête à cloche-pied

Chanson des escargots qui vont à l'enterrement

À l'enterrement d'une feuille morte
Deux escargots s'en vont
Ils ont la coquille noire
Du crêpe autour des cornes
Ils s'en vont dans le soir
Un très beau soir d'automne
Hélas quand il arrivent
C'est déjà le printemps
Les feuilles qui étaient mortes
Sont toutes ressuscitées
Et les deux escargots
Sont très désappointés
Mais voilà le soleil
Le soleil qui leur dit
Prenez prenez la peine
La peine de vous asseoir
Prenez un verre de bière
Si le cœur vous en dit
Prenez si ça vous plaît
L'autocar pour Paris
Il partira ce soir
Vous verrez du pays

Mais ne prenez pas le deuil
C'est moi qui vous le dis
Ça noircit le blanc de l'œil
Et puis ça enlaidit
Les histoires de cercueils
C'est triste et pas joli
Reprenez vos couleurs
Les couleurs de la vie
Alors toutes les bêtes
Les arbres et les plantes
Se mettent à chanter
À chanter à tue-tête
La vraie chanson vivante
La chanson de l'été
Et tout le monde de boire
Tout le monde de trinquer
C'est un très joli soir
Un joli soir d'été
Et les deux escargots
S'en retournent chez eux
Ils s'en vont très émus
Ils s'en vont très heureux

Comme ils ont beaucoup bu
Ils titubent un p'tit peu
Mais là-haut dans le ciel
La lune veille sur eux.

Chanson pour chanter à tue-tête et à cloche-pied

Un immense brin d'herbe
Une toute petite forêt
Un ciel tout à fait vert
Et des nuages en osier
Une église dans une malle
La malle dans un grenier
Le grenier dans une cave
Sur la tour d'un château
Le château à cheval
À cheval sur un jet d'eau
Le jet d'eau dans un sac
À côté d'une rose
La rose d'un fraisier
Planté dans une armoire
Ouverte sur un champ de blé
Un champ de blé couché
Dans les plis d'un miroir
Sous les ailes d'un tonneau
Le tonneau dans un verre
Dans un verre à Bordeaux
Bordeaux sur une falaise

Où rêve un vieux corbeau
Dans le tiroir d'une chaise
D'une chaise en papier
En beau papier de pierre
Soigneusement taillé
Par un tailleur de verre
Dans un petit gravier
Tout au fond d'une mare
Sous les plumes d'un mouton
Nageant dans un lavoir
À la lueur d'un lampion
Éclairant une mine
Une mine de crayons
Derrière une colline
Gardée par un dindon
Un gros dindon assis
Sur la tête d'un jambon
Un jambon de faïence
Et puis de porcelaine
Qui fait le tour de France
À pied sur une baleine
Au milieu de la lune
Dans un quartier perdu
Perdu dans une carafe
Une carafe d'eau rougie

D'eau rougie à la flamme
À la flamme d'une bougie
Sous la queue d'une horloge
Tendue de velours rouge
Dans la cour d'une école
Au milieu d'un désert
Où de grandes girafes
Et des enfants trouvés
Chantent chantent sans cesse
À tue-tête à cloche-pied
Histoire de s'amuser
Les mots sans queue ni tête
Qui dansent dans leur tête
Sans jamais s'arrêter

Et on recommence
Un immense brin d'herbe
Une toute petite forêt…
………………..

etc., etc., etc…

Chanson pour les enfants l'hiver

Dans la nuit de l'hiver
galope un grand homme blanc
galope un grand homme blanc

C'est un bonhomme de neige
avec une pipe en bois
un grand bonhomme de neige
poursuivi par le froid

Il arrive au village
il arrive au village
voyant de la lumière
le voilà rassuré

Dans une petite maison
il entre sans frapper
Dans une petite maison
il entre sans frapper
et pour se réchauffer
et pour se réchauffer
s'assoit sur le poêle rouge

et d'un coup disparaît
ne laissant que sa pipe
au milieu d'une flaque d'eau
ne laissant que sa pipe
et puis son vieux chapeau…

Paris est tout petit

Paris est tout petit
c'est là sa vraie grandeur
Tout le monde s'y rencontre
les montagnes aussi
Même un beau jour l'une d'elles
accoucha d'une souris

Alors en son honneur
les jardiniers tracèrent
le Parc Montsouris

C'est là sa vraie grandeur
Paris est tout petit.

Chenapan ! Bandit ! Voyou ! Voleur !
Chenapan ! Bandit ! Voyou ! Voleur !
Chenapan ! Bandit ! Voyou ! Voleur !
Chenapan ! Bandit ! Voyou ! Voleur !

Bandit !

Voyou ! Voleur ! Chenapan !

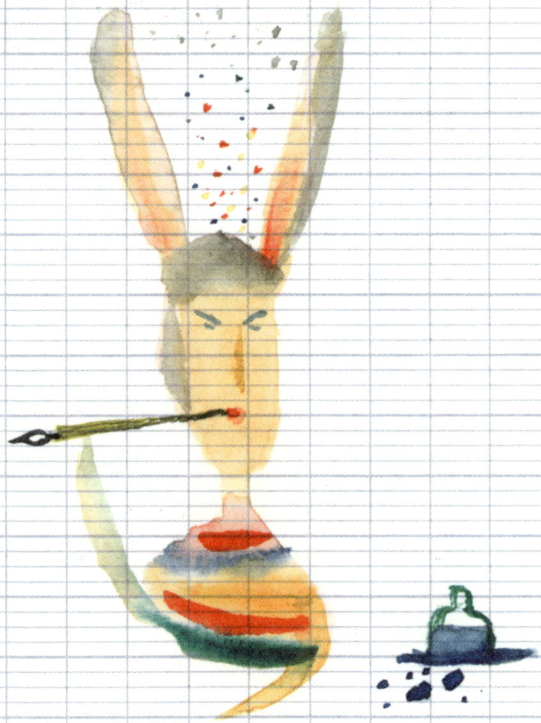

Le Cancre

Il dit non avec la tête
mais il dit oui avec le cœur
il dit oui à ce qu'il aime
il dit non au professeur
il est debout
on le questionne
et tous les problèmes sont posés
soudain le fou rire le prend
et il efface tout
les chiffres et les mots
les dates et les noms
les phrases et les pièges
et malgré les menaces du maître
sous les huées des enfants prodiges
avec des craies de toutes les couleurs
sur le tableau noir du malheur
il dessine le visage du bonheur.

Chasse à l'enfant

À Marianne Oswald

Bandit ! Voyou ! Voleur ! Chenapan !

Au-dessus de l'île on voit des oiseaux
Tout autour de l'île il y a de l'eau

Bandit ! Voyou ! Voleur ! Chenapan !

Qu'est-ce que c'est que ces hurlements

Bandit ! Voyou ! Voleur ! Chenapan !

C'est la meute des honnêtes gens
Qui fait la chasse à l'enfant

Il avait dit J'en ai assez de la maison de redressement
Et les gardiens à coups de clefs lui avaient brisé les dents
Et puis ils l'avaient laissé étendu sur le ciment

Bandit ! Voyou ! Voleur ! Chenapan !

Maintenant il s'est sauvé
Et comme une bête traquée
Il galope dans la nuit
Et tous galopent après lui
Les gendarmes les touristes les rentiers les artistes

Bandit ! Voyou ! Voleur ! Chenapan !

C'est la meute des honnêtes gens
Qui fait la chasse à l'enfant
Pour chasser l'enfant pas besoin de permis
Tous les braves gens s'y sont mis
Qu'est-ce qui nage dans la nuit
Quels sont ces éclairs ces bruits
C'est un enfant qui s'enfuit
On tire sur lui à coups de fusil

Bandit ! Voyou ! Voleur ! Chenapan !

Tous ces messieurs sur le rivage
Sont bredouilles et verts de rage

Bandit ! Voyou ! Voleur ! Chenapan !

Rejoindras-tu le continent rejoindras-tu le continent

Au-dessus de l'île on voit des oiseaux
Tout autour de l'île il y a de l'eau.

Le Droit Chemin

À chaque kilomètre
chaque année
des vieillards au front borné
indiquent aux enfants la route
d'un geste de ciment armé.

Jour de fête

Où vas-tu mon enfant avec ces fleurs
Sous la pluie

Il pleut il mouille
Aujourd'hui c'est la fête à la grenouille
Et la grenouille
C'est mon amie

Voyons
On ne souhaite pas la fête à une bête
Surtout à un batracien
Décidément si nous n'y mettons bon ordre
Cet enfant deviendra un vaurien
Et il nous en fera voir
De toutes les couleurs
L'arc-en-ciel le fait bien
Et personne ne lui dit rien
Cet enfant n'en fait qu'à sa tête
Nous voulons qu'il en fasse à la nôtre

Oh mon père !
Oh ma mère !
Oh grand oncle Sébastien !

Ce n'est pas avec ma tête
Que j'entends mon cœur qui bat
Aujourd'hui c'est jour de fête
Pourquoi ne comprenez-vous pas
Oh ! ne me touchez pas l'épaule
Ne m'attrapez pas par le bras
Souvent la grenouille m'a fait rire
Et chaque soir elle chante pour moi
Mais voilà qu'ils ferment la porte
Et s'approchent doucement de moi
Je leur crie que c'est jour de fête
Mais leur tête me désigne du doigt.

La vie n'a pas d'âge.

La vie n'a pas d'âge

Fête

Dans les grandes eaux de ma mère
je suis né en hiver
une nuit de février
Des mois avant
en plein printemps
il y a eu
un feu d'artifice entre mes parents
c'était le soleil de la vie
Et moi déjà j'étais dedans
Ils m'ont versé le sang dans le corps
c'était le vin d'une source
et pas celui d'une cave

Et moi aussi un jour
comme eux je m'en irai.

L'école des beaux-arts

Dans une boîte de paille tressée
Le père choisit une petite boule de papier
Et il la jette
Dans la cuvette
Devant ses enfants intrigués
Surgit alors
Multicolore
La grande fleur japonaise
Le nénuphar instantané
Et les enfants se taisent
Émerveillés
Jamais plus tard dans leur souvenir
Cette fleur ne pourra se faner
Cette fleur subite
Faite pour eux
À la minute
Devant eux.

L'Enfance

Oh comme elle est triste l'enfance
La terre s'arrête de tourner
Les oiseaux ne veulent plus chanter
Le soleil refuse de briller
Tout le paysage est figé

La saison des pluies est finie
La saison des pluies recommence
Oh comme elle est triste l'enfance
La saison des pluies est finie
La saison des pluies recommence

Et les vieillards couleur de suie
S'installent avec leurs vieilles balances
Quand la terre s'arrête de tourner
Quand l'herbe refuse de pousser
C'est qu'un vieillard a éternué

Tout ce qui sort de la bouche des vieillards
Ce n'est que mauvaises mouches vieux corbillards
Oh comme elle est triste l'enfance
Nous étouffons dans le brouillard
Dans le brouillard des vieux vieillards

Et quand ils retombent en enfance
C'est sur l'enfance qu'ils retombent
Et comme l'enfance est sans défense
C'est toujours l'enfance qui succombe

Oh comme elle est triste
Triste triste notre enfance
La saison des pluies est finie
La saison des pluies recommence.

Le Bouquet

Que faites-vous là petite fille
Avec ces fleurs fraîchement coupées
Que faites-vous là jeune fille
Avec ces fleurs ces fleurs séchées
Que faites-vous là jolie femme
Avec ces fleurs qui se fanent
Que faites-vous là vieille femme
Avec ces fleurs qui meurent

J'attends le vainqueur.

Le gardien du phare aime trop les oiseaux

Des oiseaux par milliers volent vers les feux
par milliers ils tombent par milliers ils se cognent
par milliers aveuglés par milliers assommés
par milliers ils meurent

Le gardien ne peut supporter des choses pareilles
les oiseaux il les aime trop
alors il dit Tant pis je m'en fous !

Et il éteint tout

Au loin un cargo fait naufrage
un cargo venant des îles
un cargo chargé d'oiseaux
des milliers d'oiseaux des îles
des milliers d'oiseaux noyés.

Chez la fleuriste

Un homme entre chez une fleuriste
et choisit des fleurs
la fleuriste enveloppe les fleurs
l'homme met la main à sa poche
pour chercher l'argent
l'argent pour payer les fleurs
mais il met en même temps
subitement
la main sur son cœur
et il tombe

En même temps qu'il tombe
l'argent roule à terre
et puis les fleurs tombent
en même temps que l'homme
en même temps que l'argent
et la fleuriste reste là
avec l'argent qui roule
avec les fleurs qui s'abîment
avec l'homme qui meurt
évidemment tout cela est très triste
et il faut bien qu'elle fasse quelque chose
la fleuriste
mais elle ne sait pas comment s'y prendre
elle ne sait pas
par quel bout commencer

Il y a tant de choses à faire
avec cet homme qui meurt
ces fleurs qui s'abîment
et cet argent
cet argent qui roule
qui n'arrête pas de rouler.

Le désespoir est assis sur un banc

Dans un square sur un banc
Il y a un homme qui vous appelle quand on passe
Il a des binocles un vieux costume gris
Il fume un petit ninas il est assis
Et il vous appelle quand on passe
Ou simplement il vous fait signe
Il ne faut pas le regarder
Il ne faut pas l'écouter
Il faut passer
Faire comme si on ne le voyait pas
Comme si on ne l'entendait pas
Il faut passer presser le pas
Si vous le regardez
Si vous l'écoutez
Il vous fait signe et rien personne
Ne peut vous empêcher d'aller vous asseoir près de lui
Alors il vous regarde et sourit
Et vous souffrez atrocement
Et l'homme continue de sourire
Et vous souriez du même sourire
Exactement

Plus vous souriez plus vous souffrez
Atrocement
Plus vous souffrez plus vous souriez
Irrémédiablement
Et vous restez là
Assis figé
Souriant sur le banc
Des enfants jouent tout près de vous
Des passants passent
Tranquillement
Des oiseaux s'envolent
Quittant un arbre
Pour un autre
Et vous restez là
Sur le banc
Et vous savez vous savez
Que jamais plus vous ne jouerez
Comme ces enfants
Vous savez que jamais plus vous ne passerez
Tranquillement
Comme ces passants
Que jamais plus vous ne vous envolerez
Quittant un arbre pour un autre
Comme ces oiseaux.

La Belle Vie

Dans les ménageries
Il y a des animaux
Qui passent toute leur vie
Derrière des barreaux
Et nous on est des frères
De ces pauvres bestiaux

On n'est pas à plaindre
On est à blâmer
On s'est laissé prendre
Qu'est-ce qu'on avait fait
Enfants des corridors
Enfants des courants d'air
Le monde nous a foutus dehors
La vie nous a foutus en l'air

Notre mère c'est la misère
Et notre père le bistrot
Élevés dans des tiroirs
En guise de berceau
On nous a laissés choir
Tout nus dans le ruisseau

Dès notre plus jeune âge
Parqués dans les prisons
Nous dormons dans des cages
Et nous tournons en rond
Sans voir le paysage
Sans chanter de chansons

On n'est pas à plaindre
On est à blâmer
On s'est laissé prendre
Qu'est-ce qu'on avait fait
Enfants des corridors
Enfants des courants d'air
Le monde nous a foutus dehors
La vie nous a foutus en l'air.

Les enfants qui s'aiment

Les enfants qui s'aiment s'embrassent debout
Contre les portes de la nuit
Et les passants qui passent les désignent du doigt
Mais les enfants qui s'aiment
Ne sont là pour personne
Et c'est seulement leur ombre
Qui tremble dans la nuit
Excitant la rage des passants
Leur rage leur mépris leurs rires et leur envie
Les enfants qui s'aiment ne sont là pour personne
Il sont ailleurs bien plus loin que la nuit
Bien plus haut que le jour
Dans l'éblouissante clarté de leur premier amour.

La vie n'a pas d'âge

La vraie jeunesse ne s'use pas
on a beau l'appeler souvenir
on a beau dire qu'elle disparaît
on a beau dire et vilain dire que tout s'en va
Tout ce qui est vrai reste là
quand la vérité est laide c'est une bien fâcheuse histoire
quand la vérité est belle rien ne ternit son miroir
Les gens très âgés remontent en enfance
et leur cœur bat
là où il n'y a plus d'autrefois.

et le printemps
us a salués, et le printemps nous
rintemps nous a salués, et le prin
salués, et le printemps nous a salué
mps nous a salués, et le printen
es, et le printemps nous a salués
s nous a salués, et le printemps no
le printemps nous a salués, et le p
a salués, et le printemps nous a sa
ntemps nous a salués, et le pri
salués, et le printemps nous a sal
mps nous a salués, et le printemp
et le printemps nous a salués, et
et le printemps nous
salués, et le

et le printemps
nous a salués

Pour faire le portrait d'un oiseau

À Elsa Henriquez

Peindre d'abord une cage
avec une porte ouverte
peindre ensuite
quelque chose de joli
quelque chose de simple
quelque chose de beau
quelque chose d'utile…
pour l'oiseau
placer ensuite la toile contre un arbre
dans un jardin
dans un bois
ou dans une forêt
se cacher derrière l'arbre
sans rien dire
sans bouger…
Parfois l'oiseau arrive vite
mais il peut aussi bien mettre de longues années
avant de se décider

Ne pas se décourager
attendre
attendre s'il le faut pendant des années
la vitesse ou la lenteur de l'arrivée
de l'oiseau n'ayant aucun rapport
avec la réussite du tableau
Quand l'oiseau arrive
s'il arrive
observer le plus profond silence
attendre que l'oiseau entre dans la cage
et quand il est entré
fermer doucement la porte avec le pinceau
puis
effacer un à un tous les barreaux
en ayant soin de ne toucher aucune des plumes de l'oiseau
Faire ensuite le portrait de l'arbre
en choisissant la plus belle de ses branches
pour l'oiseau
peindre aussi le vert feuillage et la fraîcheur du vent
la poussière du soleil
et le bruit des bêtes de l'herbe dans la chaleur de l'été
et puis attendre que l'oiseau se décide à chanter
Si l'oiseau ne chante pas
c'est mauvais signe
signe que le tableau est mauvais

mais s'il chante c'est bon signe
signe que vous pouvez signer
alors vous arrachez tout doucement
une des plumes de l'oiseau
et vous écrivez votre nom dans un coin du tableau.

Quartier libre

J'ai mis mon képi dans la cage
et je suis sorti avec l'oiseau sur la tête
    Alors
on ne salue plus
a demandé le commandant
    Non
on ne salue plus
a répondu l'oiseau
    Ah bon
excusez-moi je croyais qu'on saluait
a dit le commandant
Vous êtes tout excusé tout le monde peut se tromper
a dit l'oiseau.

En sortant de l'école

En sortant de l'école
nous avons rencontré
un grand chemin de fer
qui nous a emmenés
tout autour de la terre
dans un wagon doré
Tout autour de la terre
nous avons rencontré
la mer qui se promenait
avec tous ses coquillages
ses îles parfumées
et puis ses beaux naufrages
et ses saumons fumés

Au-dessus de la mer
nous avons rencontré
la lune et les étoiles
sur un bateau à voiles
partant pour le Japon
et les trois mousquetaires des cinq doigts de la main
tournant la manivelle d'un petit sous-marin
plongeant au fond des mers
pour chercher des oursins
Revenant sur la terre
nous avons rencontré
sur la voie de chemin de fer
une maison qui fuyait
fuyait tout autour de la terre
fuyait tout autour de la mer
fuyait devant l'hiver
qui voulait l'attraper
Mais nous sur notre chemin de fer
on s'est mis à rouler
rouler derrière l'hiver
et on l'a écrasé
et la maison s'est arrêtée
et le printemps nous a salués

C'était lui le garde-barrière
et il nous a bien remerciés
et toutes les fleurs de toute la terre
soudain se sont mises à pousser
pousser à tort et à travers
sur la voie du chemin de fer
qui ne voulait plus avancer
de peur de les abîmer
Alors on est revenu à pied
à pied tout autour de la terre
à pied tout autour de la mer
tout autour du soleil
de la lune et des étoiles
À pied à cheval en voiture et en bateau à voiles.

Prévert, le poète pas sage

par

Nathalie Skowronek

> « *Instruire en amusant, n'est-ce pas le propre de Prévert ?*
> *Ou plus exactement détruire en amusant…* »
> Pierre Dumayet[1]

Sur la couverture originale du premier et du plus célèbre recueil de Jacques Prévert, *Paroles*, le mot « âne » se détache au milieu de graffitis. Pied de nez du poète à sa postérité.

Celui qui prônait la liberté jusqu'à la désobéissance et refusait que l'on dresse les enfants à l'excellence est devenu le poète emblématique des écoliers. Cancres ou premiers de classe, tous ont été amenés à déclamer ses vers debout sur l'estrade.

Pour autant, si les récitations au tableau d'un « Prévert à l'usage des classes » ont pu atténuer la portée subversive de ses textes, l'irrespect et l'anarchisme de celui qui n'était ni « *un enfant de chœur, ni de bonne compagnie* »[2] persistent. Les comités de parents ne s'y étaient pas trompés, émettant dès 1955 des « *protestations aussi vives que justifiées* »[3] à l'encontre de l'enseignement de ses poèmes dans les écoles.

Irrespectueux mais surtout libre, Jacques Prévert restera toute sa vie en dehors des étiquettes et des écoles. S'il a pu être un compagnon de route des surréalistes, leur dogmatisme l'en éloignera bientôt : « *Quand quelqu'un dit : Je me tue à vous le dire ! laissez-le mourir.* »[4]

En fait, rien n'est sérieux, sinon l'humour et la créativité enfantine, pensait Prévert. Il aime à se retrouver dans le monde des enfants, se sentant proche de leur curiosité, de leur propension au rêve, de leur tentation à la révolte. Garder vivant l'enfant que chacun porte en soi... Le comédien François Chaumette se rappelait : « *J'ai le souvenir de Jacques Prévert fumant son éternelle cigarette et regardant jouer les enfants. C'était un spectacle en lui-même, quelque chose d'absolument poétique.* »[5]

Et il s'indigne devant la violence avec laquelle les enfants peuvent être brimés : en 1934, trente enfants se sont échappés[6] de la maison de redressement de Belle-Isle, ils sont rattrapés et violemment punis. Prévert défend les embastillés :

> Qu'est-ce que c'est que ces hurlements
>
> Bandit ! Voyou ! Voleur ! Chenapan !
>
> C'est la meute des honnêtes gens
> Qui fait la chasse à l'enfant
>
> Il avait dit J'en ai assez de la maison de redressement
> Et les gardiens à coups de clefs lui avaient brisé les dents
> Et puis ils l'avaient laissé étendu sur le ciment
>
> Bandit ! Voyou ! Voleur ! Chenapan !
>
> Maintenant il s'est sauvé
> Et comme une bête traquée
> Il galope dans la nuit
> Et tous galopent après lui
> Les gendarmes les touristes les rentiers les artistes[7]

Si le grand public accueille le poème avec hostilité, Saint-Germain-des-Prés salue l'esprit du contestataire : « *Il y avait dans l'anarchisme de Prévert une virulence qui me satisfaisait* », se rappellera Simone de Beauvoir[8]. Et le poète de poursuivre une œuvre dont les vauriens, les « *enfants des corridors, enfants des courants d'air* »[9] sont les héros : ce seront les poèmes *Quartier libre* ou *Jour de fête*, mais aussi les *Contes pour enfants pas sages* ou *L'Opéra de la lune*.

Prévert n'a pas quinze ans quand il quitte l'école. Il a pour tout bagage l'amour de la littérature et du cinéma. « *Ce fut ma mère qui m'apprit à lire, puisqu'il fallait bien y passer. Avec un alphabet, bien sûr, mais surtout avec l'Oiseau bleu, avec la Belle et la bête et la*

Belle aux cheveux d'or, avec le Petit Tailleur, les Musiciens de la ville de Brême »[10] ; son père – dont le rêve avait été d'être acteur – l'emmenait toutes les semaines voir des films et l'entraînait dans les bistrots du quartier de l'Odéon, où des discoureurs refaisaient le monde.

Pressé de mener une existence indépendante, Prévert vit de petits métiers, fait son service militaire et commence à écrire des textes bientôt mis en musique par Joseph Kosma, ainsi que des dialogues et des scénarios pour le cinéma.

Ce touche-à-tout, qui écrivait ses poèmes sur des coins de table et les laissait éparpillés chez des amis, ne publie son premier recueil qu'en 1946. *Paroles* rassemble des chansons et des poèmes, anciens et récents, dont s'emparent les interprètes des caves de Saint-Germain, Juliette Gréco, Cora Vaucaire, Mouloudji, les Frères Jacques ou Yves Montand. Déjà l'année précédente, lors du récital, *L'École buissonnière*, quelques pièces avaient été interprétées par Pierre Brasseur, Roger Blin, Raymond Bussières ou chantées par Fabien Loris.

Le style paraît désinvolte, mais les écrivains ne s'y trompent pas. « *Jacques Prévert,* écrit Maurice Nadeau, *est un ouvrier des mots et il aime le travail bien fait. On ne nous étonnera point en nous apprenant que ses poèmes lui coûtent des efforts. Ils ne se remarquent pas, de même que l'arbre s'évanouit dans le meuble du menuisier, et la colle et les pointes et la sueur. Mais ce sont des objets solides et qui défient les ans.* »[11] Prévert « *fait flèche de tout mot* », note Claude Roy. « *Il dérange les opinions reçues, disloque les associations d'idées consacrées et confortables. On parle, on bavarde, et fait-on attention à ce qu'on dit ? Mais Prévert y prend garde pour nous. Les formules usuelles sortent, de ses mains agiles, complètement rafraîchies ou définitivement assassinées.* »[12]

L'accueil de *Paroles* est triomphal. En dix ans, il s'en vendra un million d'exemplaires. Le poète a acquis une belle popularité : ses œuvres s'illustrent sur les écrans[13], s'étalent dans les librairies, s'interprètent sur scène…

Les années passent, Prévert poursuit son métier de poète. Les recueils, assemblages de textes, collages, citations, livres à quatre mains avec des artistes comme Miró ou Calder se suivent. La première version d'*Histoires* paraît, quelques mois après *Paroles* ; ensuite *Spectacle*, en 1951, suivi la même année du *Grand bal du printemps* ; *La Pluie et le Beau temps*, en 1955 ; *Histoires et d'autres histoires*, en 1963 pour sa version définitive ; *Fatras* en 1966 et *Choses et autres* en 1972... pour ne citer que les plus célèbres.

Grands et petits se sont attachés à la fantaisie du poète, à ses trouvailles de langage, à ses images. Ses indignations et sa liberté lui ont valu la sympathie du public, peut-être parce qu'il a su incarner, avec des mots simples, une certaine idée de la générosité. Son esprit n'était pas sans rappeler celui d'un autre agitateur, Charlie Chaplin, mort comme lui en 1977. Tragiques ou burlesques, les enfants de Prévert auraient pu être des compagnons de Charlot : insoumis, tendres et ironiques...

NOTES

1 Pierre Dumayet, « Jacques Prévert poète de classe », *in Action*, Paris, 30 août 1946.

2 Maurice Saillet, « Frère Jacques », *in Combat*, Paris, 9 juin 1946.

3 Protestations reprises par la rédaction de *Dimanche matin* dans l'article « Pédagogie 1955 », Paris, 6 novembre 1955.

4 *Intermède, in Spectacle,* Paris, Gallimard, La Pléiade, t. I, 1992, p. 377. Édition établie par Danièle Gasiglia-Laster et Arnaud Laster.

5 *In Mon frère Jacques*, documentaire réalisé par Pierre Prévert pour la télévision belge, 1961.

6 Prévert fait aussi allusion à cette tentative d'évasion dans le film *Jenny* et prépare en 1936 un scénario sur les bagnes d'enfants avec Marcel Carné, *L'Île des enfants perdus*, devenu ensuite *La Fleur de l'âge*. La censure les forcera à abandonner le projet.

7 *Chasse à l'enfant*, chanson composée en 1937 et reprise dans *Paroles*.

8 *La Force de l'âge*, Paris, Gallimard, 1960.

9 *La Belle Vie*, poème repris dans *Spectacle*.

10 *Enfance, in Choses et autres*, Paris, Gallimard, La Pléiade, t. II, 1996, p. 220.

11 Maurice Nadeau, *in La Revue internationale*, Paris, juin-juillet, 1946.

12 Claude Roy, *in Servir*, Lausanne, 6 juillet 1946.

13 Entre 1935 et 1945, Prévert écrit les scénarios du *Crime de Monsieur Lange*, réalisé par Jean Renoir, puis *Drôle de drame*, *Quai des brumes*, *Les Visiteurs du soir* et *Les Enfants du paradis*, réalisés par Marcel Carné.

Table des matières

La Plume & le Pinceau

Collection dirigée par Nathalie Skowronek

Charles Baudelaire, *Poèmes interdits*
(préface de Philippe Sollers)

Jacques Brel, *À s'offrir en partage. Ses plus beaux textes*
(préface de Claude Lelouch)

Marie de France, *Les Deux Amants*
(préface de Laure Adler)

Federico García Lorca, *Si mes mains pouvaient effeuiller…*
(préface de Michel del Castillo)

Ovide, *L'Art d'aimer*
(précédé de *L'Amour à Rome* par Jacques Lacarrière)

Jacques Prévert, *L'École buissonnière*
(précédé de *Jacques Prévert* par Madeleine Chapsal)

Gabriel Lefebvre illustre des œuvres littéraires et poétiques depuis plus de vingt ans. Son sens inné de la poésie imagée a rendu ses affiches célèbres. Ses aquarelles ont été exposées dans de nombreuses galeries de par le monde.

ISBN 2-8048-0098-9
D/1638/2006/21

Achevé d'imprimer en mai 2006
sur les presses de l'imprimerie SNEL Grafics
en Belgique (UE)

Responsables de la production :
Anne Van Hees & Isabelle Dro

www.editionscomplexe.com

Éditions Complexe
SA Diffusion Promotion Information
24, rue de Bosnie
1060 Bruxelles

n° 1038